一招防身全图解系列

徒手防身

一学就会

一招防身全图解编写组 编

本书主编：孟进蓬 刘唱

化学工业出版社

·北京·

徒手防身中的很多动作是从擒拿格斗术演变而来的，按照自卫防身的需求，《徒手防身一学就会》对擒拿格斗的部分动作和招式进行了调整和改进，旨在通过简便、易行的方法，实现有效自卫防身的目的。

《徒手防身一学就会》通过对下蹲、扫腿、顶裆、击肘、挡臂、踢裆、绊脚、折指等经典招式的实战应用指导，帮助学习者建立安全防范意识，掌握遭遇危险时防身自卫的技巧，进而在危急时刻达到出奇制胜、攻防兼备、护身脱险的目的。

《徒手防身一学就会》想要与你分享的是：
- 危机时刻提升御敌信心的途径
- 面对袭击时一招制胜的方法
- 提高身体自卫能力的技巧
- 健身防身一箭双雕的诀窍

友情提示：《徒手防身一学就会》中所介绍的动作技巧选自擒拿格斗术中适合自我保护的内容，主要用于自我防卫、避免人身伤害，要点在于防御而不是进攻。

图书在版编目（CIP）数据

徒手防身一学就会／一招防身全图解编写组编．—北京：化学工业出版社，2015.11（2024.2重印）
（一招防身全图解系列）
ISBN 978-7-122-25260-9

Ⅰ.①徒… Ⅱ.①一… Ⅲ.①防身术-图解 Ⅳ.①G852.4-64

中国版本图书馆CIP数据核字（2015）第229340号

责任编辑：宋　薇　　　　　　　　装帧设计：张　辉
责任校对：王　静

出版发行：化学工业出版社
　　　　　（北京市东城区青年湖南街13号　邮政编码100011）
印　　装：北京新华印刷有限公司
850mm×1168mm　1/32　印张4　字数150千字
2024年2月北京第1版第10次印刷

购书咨询：010-64518888
售后服务：010-64518899
网　　址：http://www.cip.com.cn

凡购买本书，如有缺损质量问题，本社销售中心负责调换。

定　　价：35.00元　　　　　　　　　　　　　版权所有　违者必究

目 录

- Part 1 异侧手正手抓握解脱反击技法 …………… 001
- Part 2 同侧手正手抓握解脱反击技法 …………… 018
- Part 3 被同侧手成反手抓握时解脱反击技法 …… 033
- Part 4 单手被双手抓握时解脱反击技法 ………… 036
- Part 5 单手由前抓肩解脱反击技法 ………………… 043
- Part 6 双手由前抓肩解脱反击技法 ………………… 055
- Part 7 双手由后抓肩解脱反击技法 ………………… 061
- Part 8 单手抓胸部衣襟解脱反击技法 …………… 065
- Part 9 双手抓胸部衣襟解脱反击技法 …………… 069
- Part 10 双手掐颈解脱反击技法 ……………………… 073
- Part 11 由后锁喉勒颈——解脱反击技法 ………… 076

Part 12 拉手扣颈解脱反击技法……………………079

Part 13 由后双手抱腰解脱反击技法…………………083

Part 14 由前夹双臂抱腰解脱反击技法………………086

Part 15 由前抓双手别臂抱腰解脱反击技法…………090

Part 16 由后夹双臂抱腰解脱反击技法………………093

Part 17 由前悬空抱臀解脱……………………………097

Part 18 由前抓头发解脱反击技法……………………099

Part 19 由后抓头发解脱反击技法……………………105

Part 20 由后一手抓头发另一手抓肩向地上拖拽
解脱反击技法…………………………………109

Part 21 由前双手锁喉推至倒地解脱反击技法………111

Part 22 被坐压掐喉解脱反击技法……………………114

Part 23 日常自卫防身功法练习………………………117

Part 1
异侧手正手抓握解脱反击技法

▶▶ 1. 掰手折腕

（1）当右手腕被对方右手成正手抓握时。

（2）上左脚的同时身体右转，右臂迅速屈肘外旋上提。

同时上左手,抓握对方的大拇指。

（3）左手发力向外掰拧对手右手腕，同时右手外旋挣脱。

（4）右手挣脱后迅速抓按对方的右手背，双手合力向外掰拧其右手。

要点：掰拧挣脱同步完成，双手合力挫其右手腕。

>> 2.抹眉折颈

(1) 当右手腕被对方右手成正手抓握时。

（2）左脚上步置于对方右脚后方，身体右转，右臂回收将对方的右臂带直，同时使对方重心前移带至右腿，左手迅速切抹对方眉骨处。

（3）左手迅速向左后下方发力，猛力切压对方眉骨处，使其失去重心向后跌倒。

要点：上步绊腿位置要准确，切抹眉骨以腰带臂旋拧发力。

❶

❷

❸

009

3.顶肘击肋

(1)当右手腕被对方右手成正手抓握时。

（2）上左脚身体右转，屈右臂上抬向右侧挣手解脱。

（3）左臂内收，屈臂盘肘，侧顶对方胸肋部，达到制敌效果。

要点：上步、转身、挣臂解脱同步迅速，肘击有力。

4. 撅臂断肘

（1）当右手腕被对方右手成正手抓握时。

（2）左手迅速抓住对方右手手腕，双手合力向左带其手臂。

（3）迅速上左脚盖步，同时身体右转180º。

（4）身体继续右转，双手随即迅速向右变力，将对方手臂带至自己左肩上，肩顶其肘尖。

（5）以双手下压其手臂与肩顶其肘关节之合力，重创对方肘关节。

要点：随步法变动，将对方右臂由左至右带臂变力要突然，借力带臂，肩顶肘尖位置准确，动作连贯。

Part 2
同侧手正手抓握解脱反击技法

>> 1.挣脱砍颈

（1）当左手腕被对方右手成正手抓握时。

（2）上左脚身体右转，同时屈左臂外旋挣脱。

（3）随即右脚后插，身体向由后转体180º，起右手成掌，以右掌外沿砍其后颈部。

要点：转体迅猛，以腰带臂，力达手掌外沿。

2. 挣脱砍颈

（1）当左手腕被对方右手成正手抓握时。

（2）上左脚于对方右脚后方，身体右转，同时屈左臂外旋挣脱。

（3）右手随即抓其右手腕将其重心前移带至右腿处，左手迅速向左后下方切砍其颈部，使其向后跌倒。

要点：挣脱、拉臂要连贯，以腰带臂切颈要迅猛。

>> 3.挣脱卷腕

（1）当被对方右手正手虎口朝上抓握左手腕时。

（2）左手迅速屈臂内收上抬，使对方左手腕成反关节难以发力的状态。

（3）右手迅速向上抓其右手腕上推，左臂顺势内收挣脱。

（4）左手迅速反抓其右手外沿，向左下方折拧其手腕。

要点：左臂内收突然，右手上推衔接迅速，双手配合协调。

4.抓手折腕

(1)当右手腕被对方右手成正手抓握时。

（2）右手迅速扣压其左手，同时左手虎口张开上挑其右手腕。

（3）身体向右旋转，同时左手迅速抓握其右手腕，双手合力向右旋拧其右手腕，左手向上推其手同时右手向下压其腕，合力折其右手腕。

要点：挑握要迅速，以腰带臂。以双手上挑下压之合力挫其右手腕。

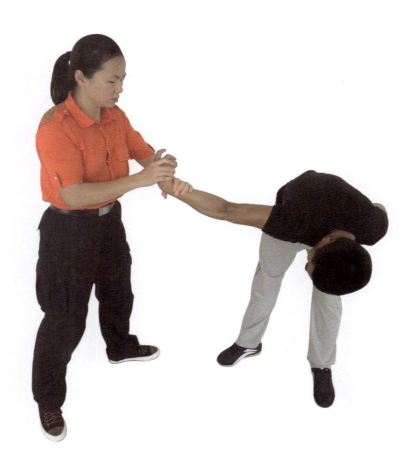

Part 3
被同侧手成反手抓握时解脱反击技法

（1）当左手腕被对方右手成反手抓握时。

033

（2）右手由下向上虎口朝上扣抓对方大拇指处。

（3）左手回收，迅速屈肘上抬，迫使对方右手向外翻旋，掌腕侧立，随即以肘向下、向内拨压其右小臂，重挫其腕、肘关节。

要点：以左右手之合力将其右手夹紧，屈肘果断，压肘迅猛。

Part 4
单手被双手抓握时解脱反击技法

>> 1. 戳喉挣脱

（1）当左手腕被对方双手同时抓握时。

（2）上左脚，同时右手成掌迅速猛力插其咽喉处。

（3）趁其后仰躲闪之际，右手迅速回收由上抓住自己的左手，以双手之合力屈肘上抬予以解脱。

（4）随即收左脚猛踹其膝关节或裆部。

要点：戳喉要迅速，戳喉解脱连贯迅速，踹踢迅猛。

2.抬肘打颚

（1）当左手腕被对方双手同时抓握时。

（2）上左脚身体右转同时，迅速上右手由上抓住自己的左手。

（3）随即以双手之合力屈臂折肘猛力上抬,用肘猛击对方下颚。

要点：上步时要大胆贴靠对方,打颚时以腰带臂,力达肘尖。

Part 5
单手由前抓肩解脱反击技法

>> 1. 砸肘折腕

（1）当左肩被对方用右手推抓时。

（2）迅速上右手扣压对方右手，防止其挣脱。

（3）身体向右侧转同时，上抬左臂。

（4）左臂迅速屈肘下压其右小臂，重挫对方腕关节。

要点：转体抬肘要连贯迅速，将对方手臂带至侧向体位时果断下压其小臂，效果更明显。

2.卷臂折腕

(1)当左肩被对方右手推抓时。

（2）上左手，虎口向上于外侧托抓对方右手腕。

（3）突然耸肩、抬肘，右脚后撤，身体右转，顺势左肘夹住其右前臂卷拧对方手臂。

（4）右手随即折抓对方右手，折拧其右手腕。

要点：左手抓握要有力、防止脱手，撤步、转体、卷臂要连贯迅速。

3.打喉绊摔

（1）当左肩被对方右手推抓时。

（2）上左脚于对方右腿外侧，同时上左手，虎口向上于外侧托抓对方右手腕。

（3）随即上右脚于对方双脚后方，同时上右手以虎口处横打其喉部。

（4）重心前移下压上体,用手打脚绊之合力将对方摔倒。

要点：左手抓握要有力、防止脱手,打喉要准确,手打、脚绊要协调发力。

Part 6
双手由前抓肩解脱反击技法

▶ 1. 蹬踢击胸

（1）当双肩被对方双手推抓时。

（2）双手迅速成拳向对方胸腹部猛力撞击。

（3）趁其向后躲闪拉开距离之际，迅速起右腿猛蹬对方裆部和腹部。

要点：动作要连贯、蹬踹要迅速有力。

2.抓腕撬臂

(1)当双肩被对方双手推抓时。

（2）右手经对方左小臂下穿，抓其右手腕，同时左手经对方右小臂上方抓握其左手腕。

（3）身体突然向左下拧转，同时配合右臂上抬的动作，左臂下压，以双手之合力予以解脱。

要点：左右手上手要同步，右臂上抬、左臂下压要同时发力，用杠杆原理得以解脱。

Part 7
双手由后抓肩解脱反击技法

（1）当双肩被对方双手推抓时。

（2）左脚向前上步，同时身体前倾右转，抬右臂格挡对方右臂。

（3）拉开距离后迅速回收右腿，猛蹬其膝关节或裆部和腹部，以达解脱反击之效。

要点：重心前倾拉开距离，转体要突然连贯，蹬腿要有力。

Part 8
单手抓胸部衣襟解脱反击技法

（1）当胸衣襟被对方右手抓拧时。

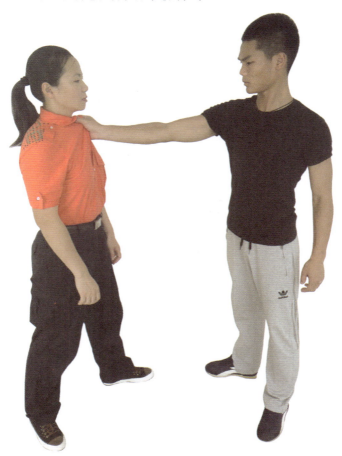

（2）迅速上右手扣压其右手，防止其挣脱。

（3）身体向右转的同时，上抬左臂。

（4）左臂迅速屈肘下压其右小臂，重挫其腕关节，予以解脱反击。

要点：转体抬臂要同步，将对方手臂带至侧向体位时要果断发力下压。

Part 9
双手抓胸部衣襟解脱反击技法

（1）当胸衣襟被对方双手抓拧时。

（2）迅速上双手猛力砸打对方肘部，分散其注意力。

(3)双手合掌,掌指朝前猛戳其喉部或双眼。

（4）趁其本能向后躲闪之际，迅速抬腿蹬踹其裆部和腹部，予以解脱反击。

要点：打肘戳喉要连贯迅速，不要给对方反应的时间，蹬腿要有力，给对方以重创。

Part 10
双手掐颈解脱反击技法

（1）当颈部被对方双手掐住时。

（2）右手经对方左小臂下穿，抓其右手腕，同时左手经对方右小臂上方抓握其左手腕。

（3）头颈后仰，同时身体突然向左下拧转，配合右臂上抬左臂下压，以双手之合力予以解脱。

要点：左右手上手要同步，右臂上抬左臂下压要同时发力，用杠杆原理得以解脱。

Part 11
由后锁喉勒颈——解脱反击技法

（1）当被对方右手由后勒住颈部时。

（2）右手上提向外掰抓对方锁喉手腕，左手迅速突然向后成二指手向对方面部猛戳。

（3）趁对方本能挺腹后仰躲闪之际，迅速弓腰沉重心，屈肘以肘尖向后猛顶对方腹部，随即迅速解脱。

要点：左手戳眼到屈肘顶腹要变力突然、迅速、连贯，顶腹要有力，给对方以重创。

Part 12
拉手扣颈解脱反击技法

（1）当被对方左手拉手右手扣颈时。

（2）迅速低头向左绕至对方右手外侧。

（3）随即起左手成掌推打对方的肘关节。

(4)拧腰挣手解脱,收腿猛踹其膝关节。

要点:转头推肘要连贯迅速,蹬腿要有力。

Part 13
由后双手抱腰解脱反击技法

（1）当被对方双手由后抱腰时。

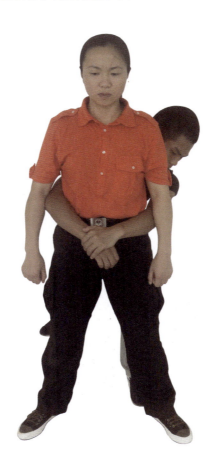

（2）迅速抬左臂（弱手）屈肘，以肘尖为力点转体向对方头部进行肘击。

（3）乘对方本能向右躲闪之际，突然变力，迅速起右肘身体向右后转以肘尖猛击对方头部，以达解脱效果。

要点：以腰带肘，虚实转换，变向要突然。

Part 14
由前夹双臂抱腰解脱反击技法

（1）当被对方双手由前夹双臂抱腰时。

(2)迅速用上额猛撞对方鼻部三角区。

（3）起双手猛力击打对方裆部和腹部。

（4）乘其本能向后躲闪拉开距离之际，迅速起右腿屈膝上提，猛顶其裆部和腹部。

要点：撞头、打裆、顶裆要连贯迅速，发力要迅猛。

Part 15
由前抓双手别臂抱腰解脱反击技法

（1）当被对方抓住双手别至后腰抱腰控制时。

（2）迅速后撤右脚，拉开距离。

（3）随即右腿屈膝猛力上提，顶击其裆部和腹部。

要点：撤腿要迅速，顶膝要有力。

Part 16
由后夹双臂抱腰解脱反击技法

（1）当被对方双手由后夹双臂抱腰时。

（2）迅速抬脚猛踩其脚掌（高跟鞋效果更佳）。

（3）趁对方一脚退缩之际迅速用双手击打对方裆部和腹部。

（4）趁其本能向后躲闪拉开距离之际，迅速起右腿猛蹬其膝关节。

要点：踩脚、撩裆要连贯迅速，蹬膝要准确、发力要迅猛。

Part 17
由前悬空抱臀解脱

（1）当被对方由前抱臀、双脚离地悬空时。

（2）迅速提起双手以拇指用力向下剜其双眼，以达解脱之目的。

要点：剜眼要迅速有力。

Part 18
由前抓头发解脱反击技法

》1. 前屈折腕

(1) 当被对方右手由前抓住头发时。

（2）迅速用双手同时扣压对方右手手背，防止其松脱。

（3）身体前倾低头，右脚后撤，重心下沉，折其右手腕关节。

要点：动作要连贯，撤腿要迅速，靠低头沉重心之力猛挫其腕关节。

2.插腋折腕

（1）当被对方右手由前抓住头发时。

（2）迅速提起右手按压住对方右手手背，同时左手成掌，猛力插向对方右腋窝。

（3）趁对方躲闪分神之际右手迅速抠抓对方右手小鱼际处，猛力向右掰拧其右手手腕，随即收左手帮忙，双手共同折拧其右手腕。

要点： 按手插掌要同步，插掌要有力，以腰带臂掰拧变力要突然。

Part 19
由后抓头发解脱反击技法

（1）当被对方右手由后抓住头发时。

（2）迅速上双手扣压其右手手背，防止其挣脱。

（3）低头俯身向右后插右脚，同时身体向右后转体面向对方。

（4）迅速上提重心，挺腰抬头，折其右手腕。

要点：转体要迅速，以腰带臂，由背对至面对转体要到位。

Part 20
由后一手抓头发另一手抓肩向地上拖拽解脱反击技法

(1)当被对方右手抓发左手抓肩向地上拖拽时。

（2）迅速顺势后倒，起腿猛击对方头部，以达解脱目的。

要点：倒地要迅速，后倒时要保护好后脑，借倒地惯性起腿，发力要迅猛突然。

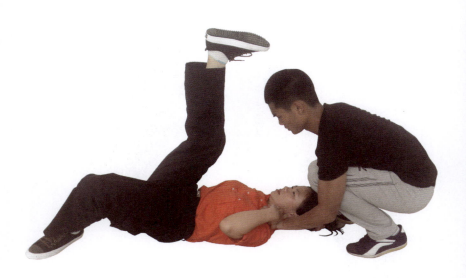

Part 21
由前双手锁喉推至倒地解脱反击技法

(1) 当被对方双手锁喉并推至倒地时。

（2）倒地时有意地屈右腿，用右膝顶住对方躯干与之保持距离，同时右手成掌猛插对方咽喉处。

（3）趁对方仰头本能躲闪之际，迅速以右脚猛蹬其胸部和腹部，以达解脱目的。

要点：倒地时一定要屈膝收腿，插喉要突然，为蹬腿创造发力的距离。

Part 22
被坐压掐喉解脱反击技法

（1）当被对方掐喉推倒并坐压在腹部时。

（2）迅速将双腿回收向上猛挺其腹部，到达最高点后身体猛然向左转。

（3）趁对方失重之时，双手向对方倒地的方向猛推其手腕，以达解脱目的。

要点：顶腹要有力，变向要迅速，变向、推腕要协调、连贯。

Part 23
日常自卫防身功法练习

>> 1.肘法

（1）马步顶肘。

（2）弓步顶肘。

（3）开步后顶肘。

要点：以腰带肘，力达肘尖。

2.掌法

(1)插掌。

要点:蹬地转腰,力达指尖,主要用于攻击对方的眼部和喉部。

（2）砍掌。

要点： 以腰带臂，力达手掌内外沿，主要用于攻击对方的颈部两侧。

（3）切掌。

要点：以腰带臂，力达手掌外沿，主要用于切击对方咽喉部。

3.膝法

（1）双手前伸，双手假想抓对方双肩，撤右腿蓄劲。

（2）双手回拉顺势挺腹送胯顶膝,力达膝关节。

要点:双手回拉顶膝要同步协调发力。